KRI-KRA-KRITZEL SPASS

Lustige Bilder zum Weitermalen

Was sitzt auf der Nase des Drachen?

Lass den Drachen Feuer speien.

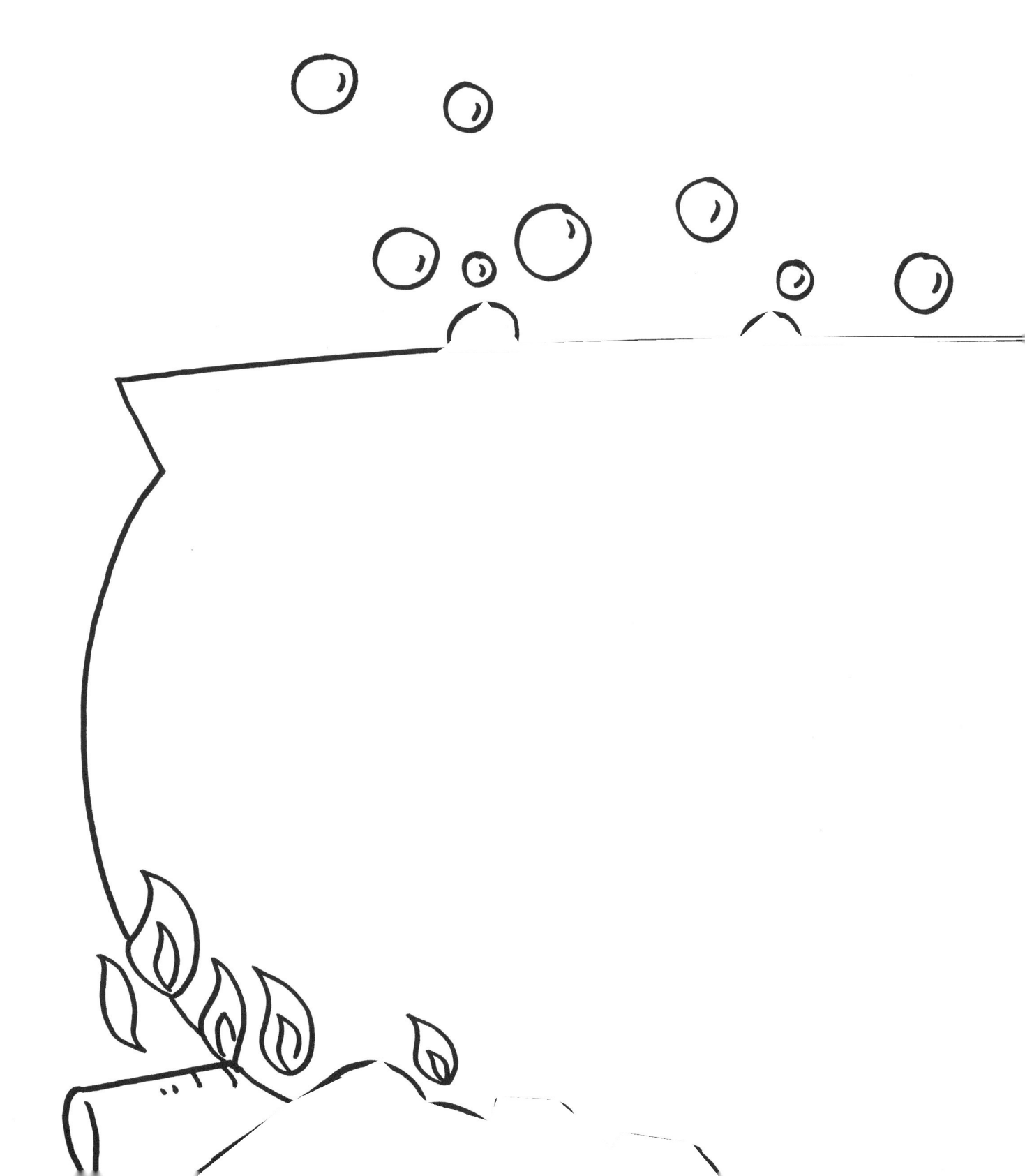

Was hat die Hexe alles in den Zaubertrank gemischt?

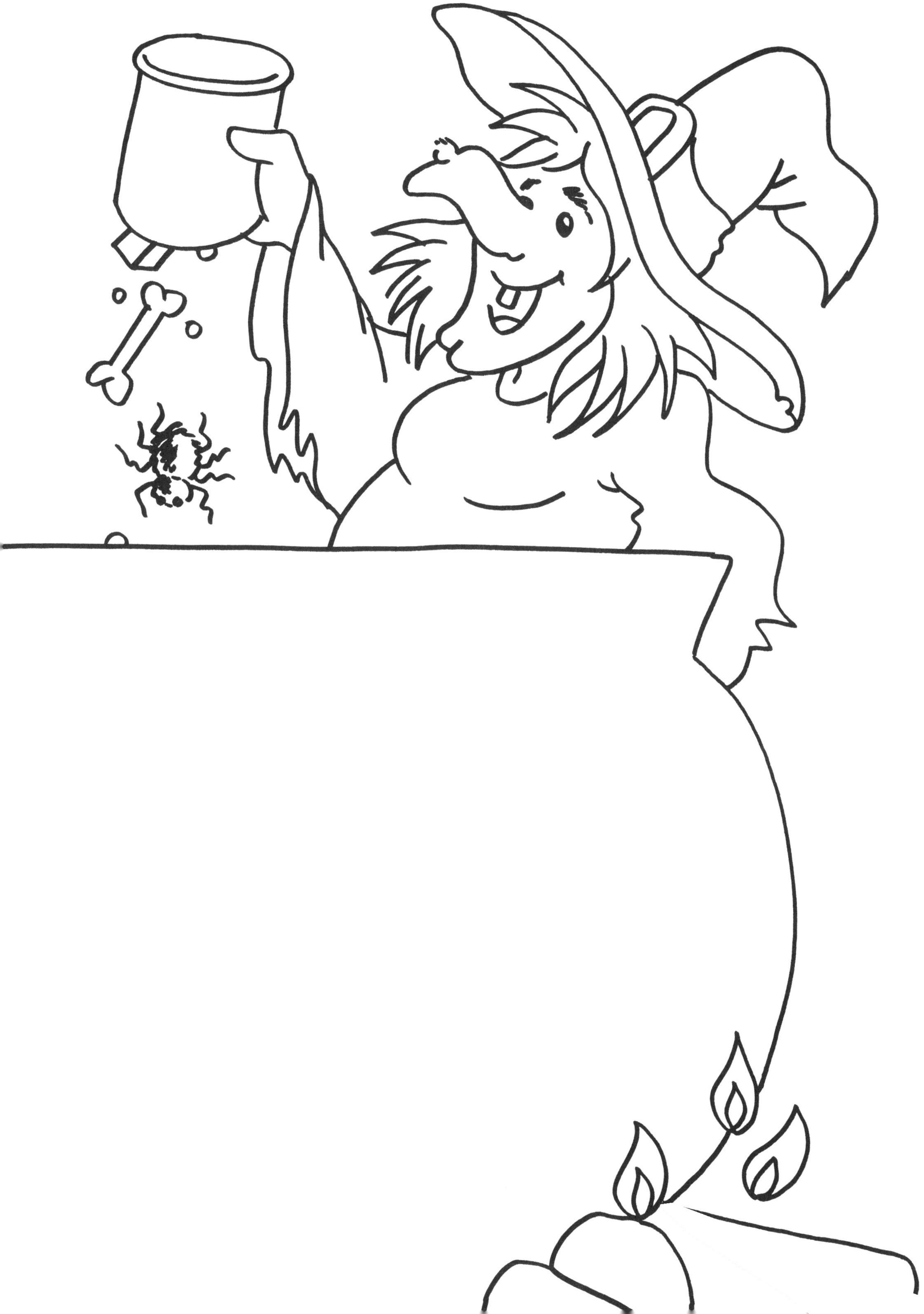

Wer springt hier durch den Reifen?

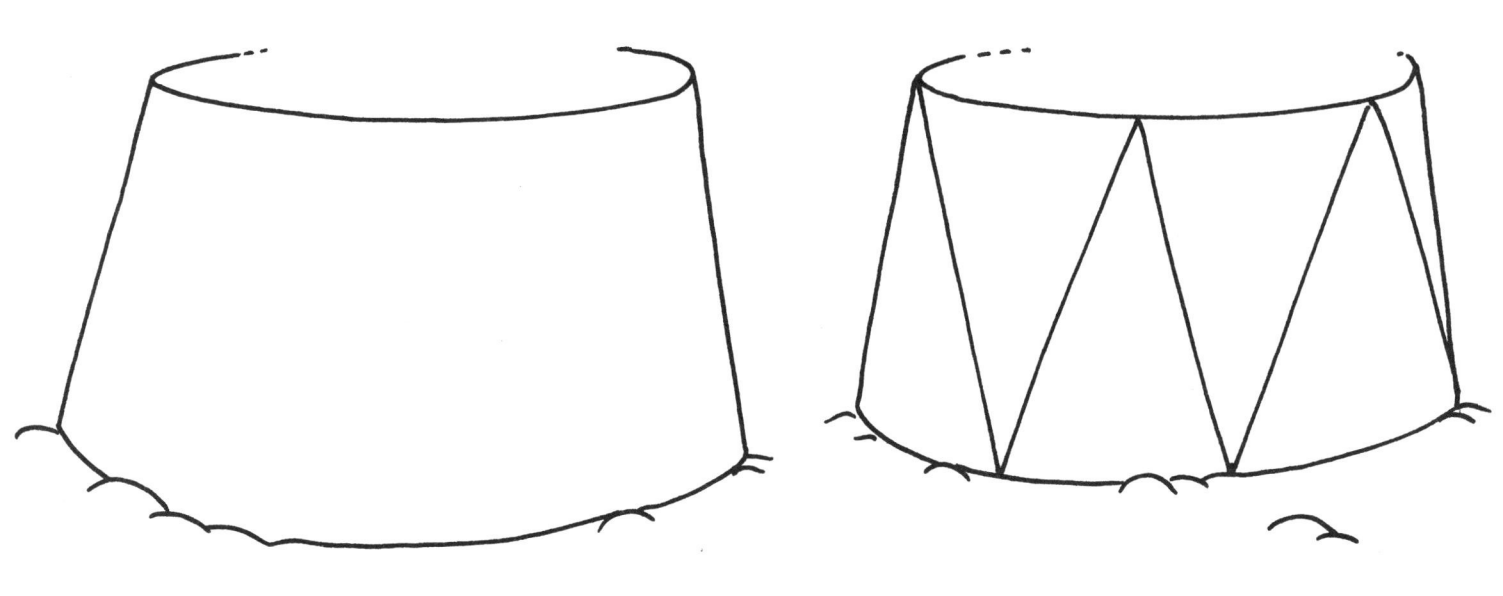

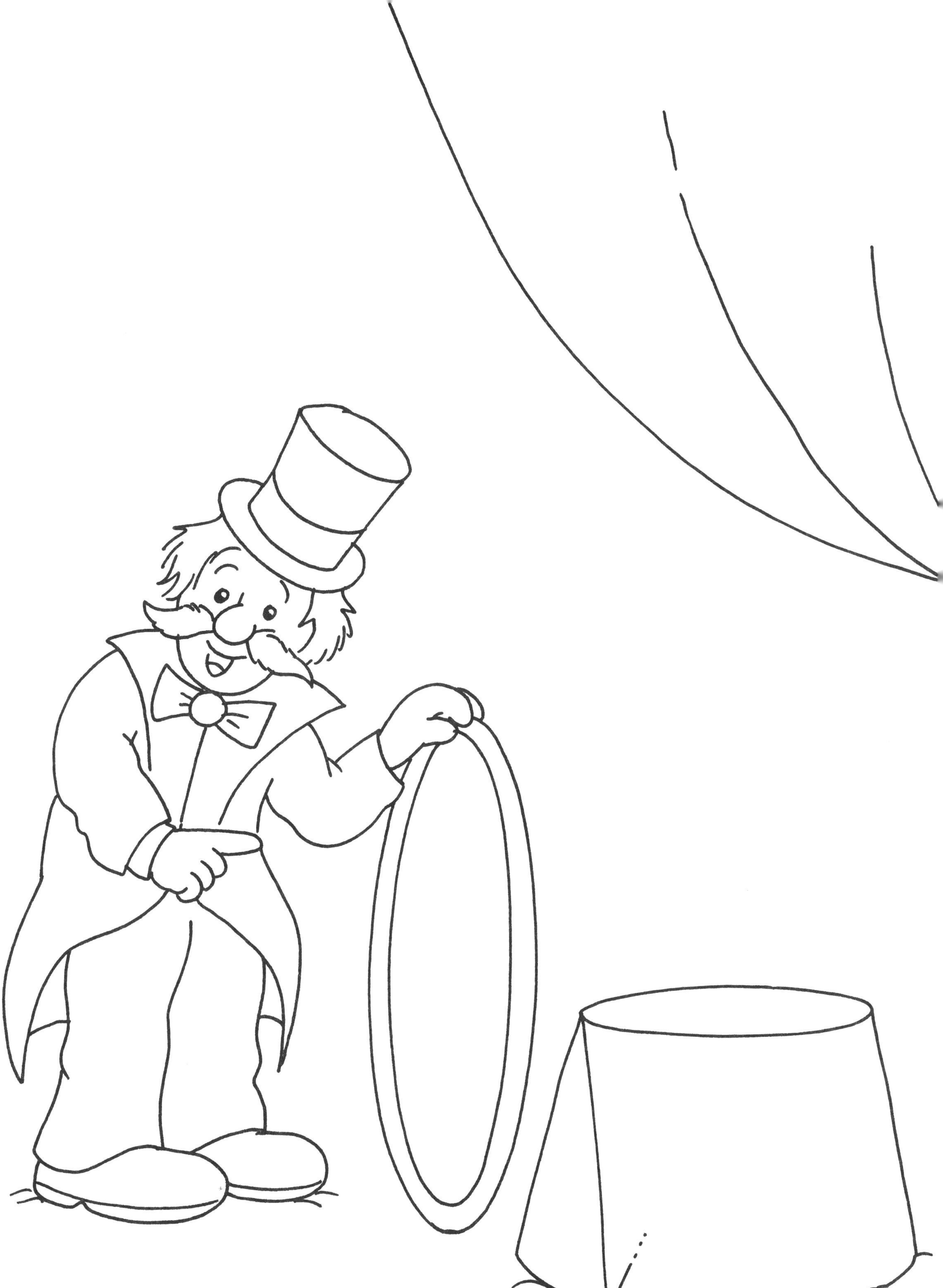

Male die Familie der kleinen Drachen.

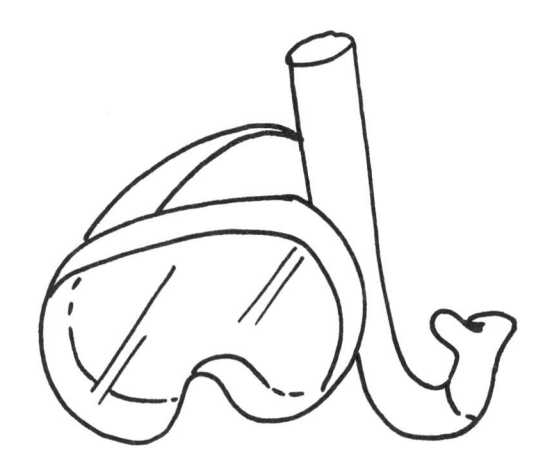

Was nimmt Julia mit in die Ferien?

Male noch mehr Schmetterlinge und Blumen.

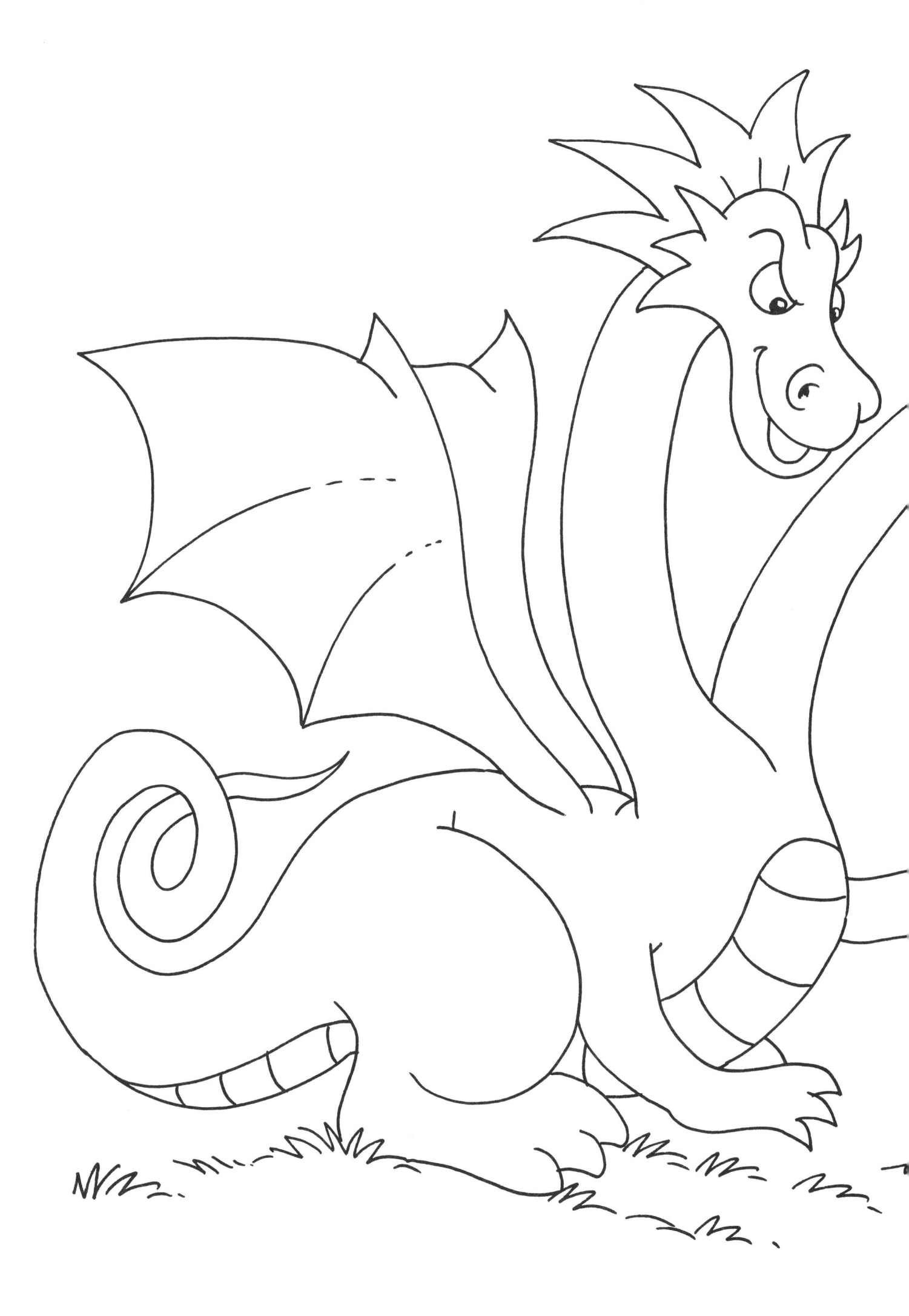

Wer kämpft mit dem zweiköpfigen Drachen?

Male noch mehr Gespenster.

Was hat der Räuber in seinem Sack?

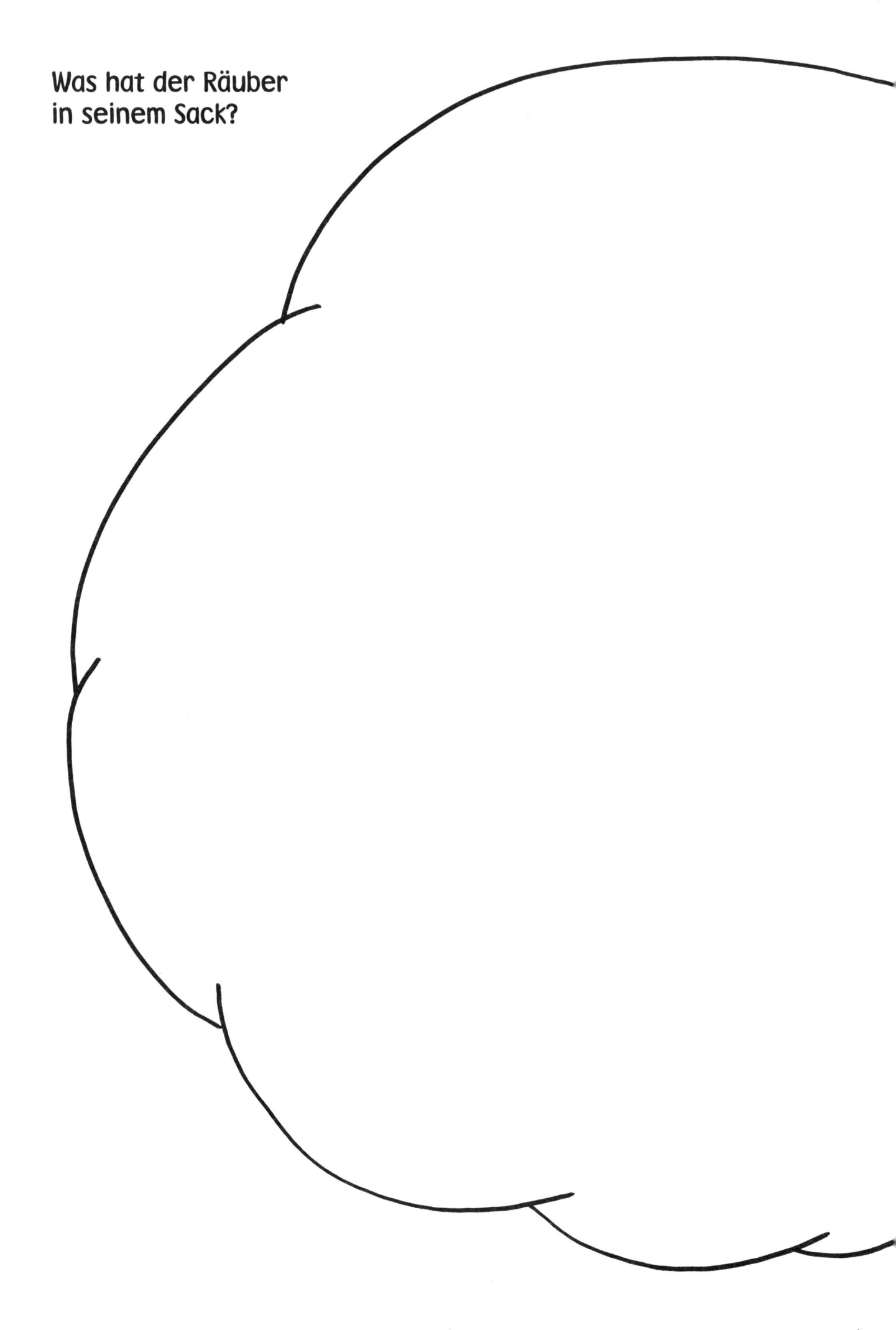

Mit wem spielt der kleine Drache?

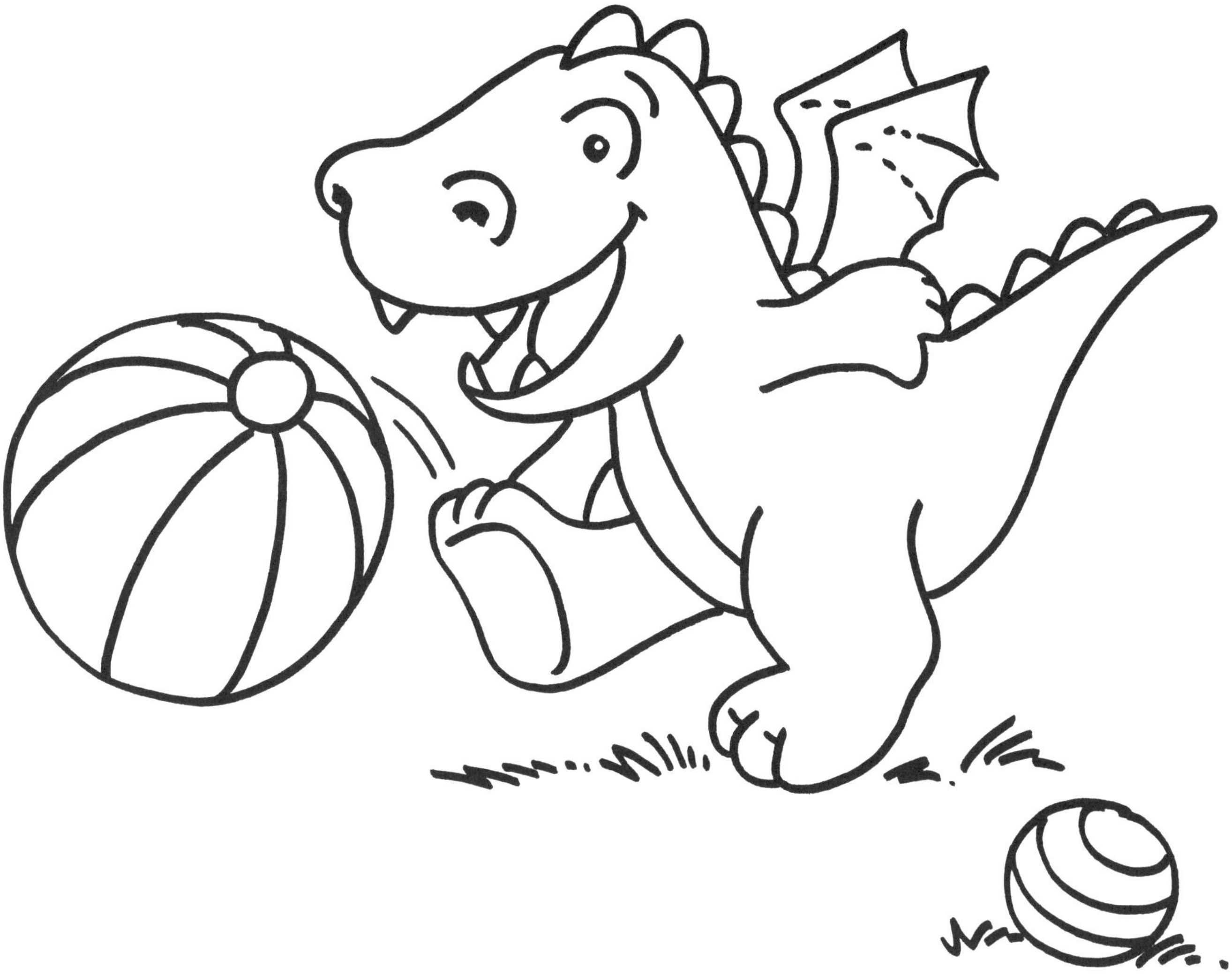

Schmücke den Weihnachtsbaum.

Male den Weihnachtsmann weiter.

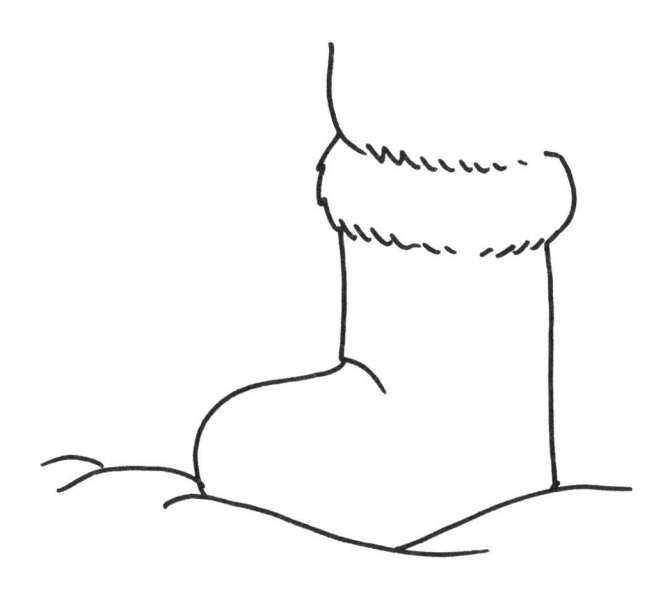

Male noch mehr lustige Vogelscheuchen.

Über was lacht der Drache?

Was will der Cowboy mit seinem Lasso fangen?

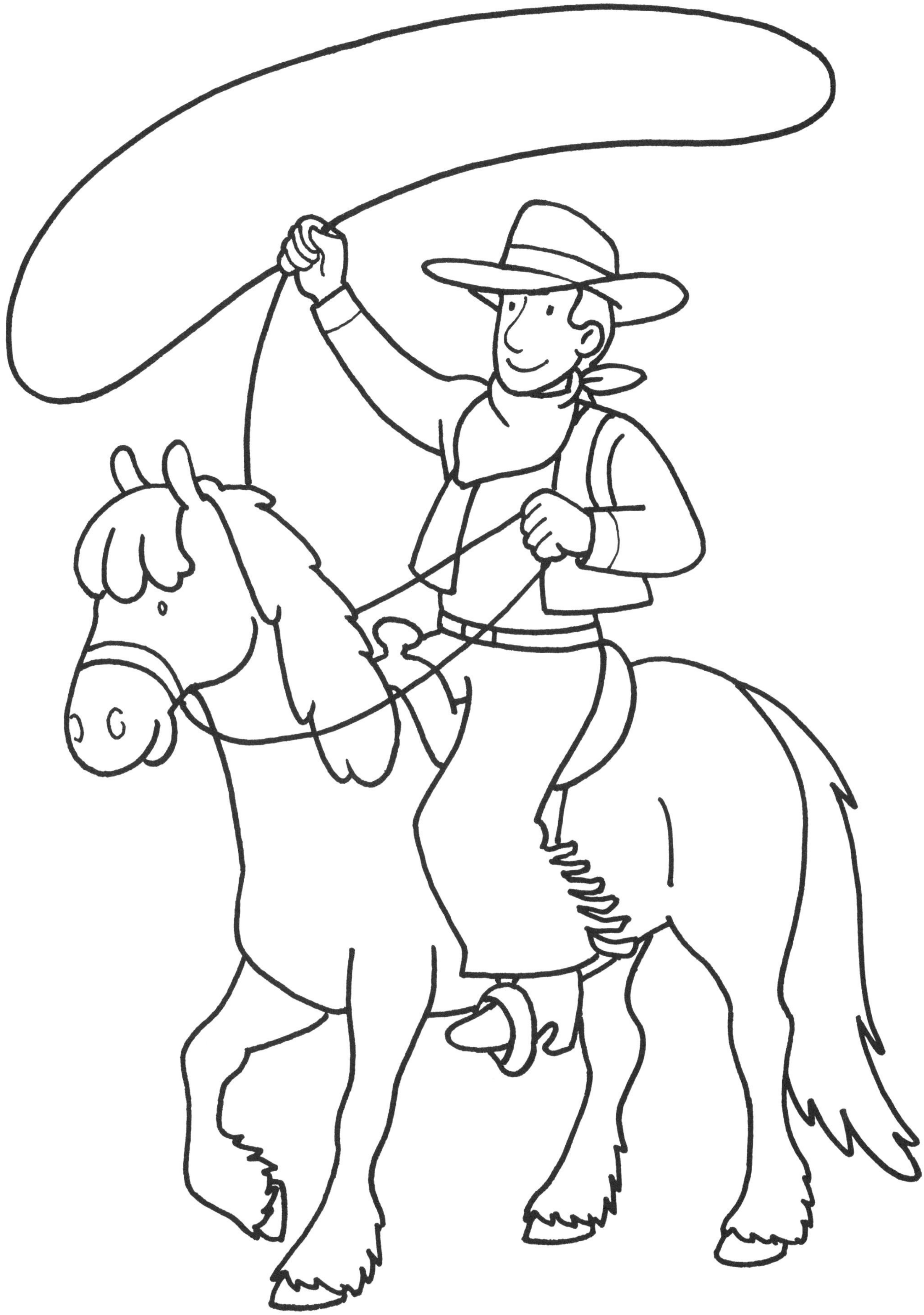

Male den Meerjungfrauen eine schöne Unterwasserwelt.

Male dem Drachen ein schönes Muster auf T-Shirt und Hose.

Wer schleicht sich an den schlafenden Drachen heran?

Was wird hier gebaut?

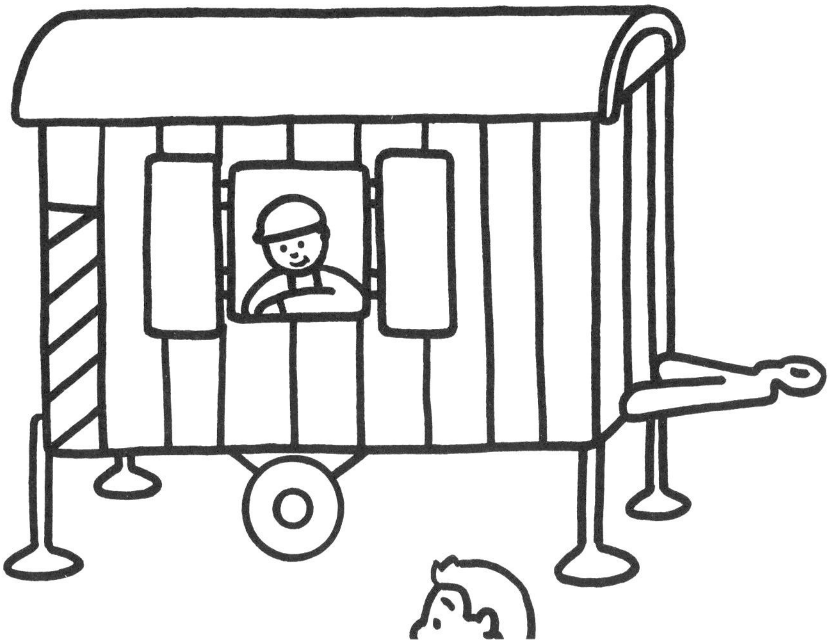

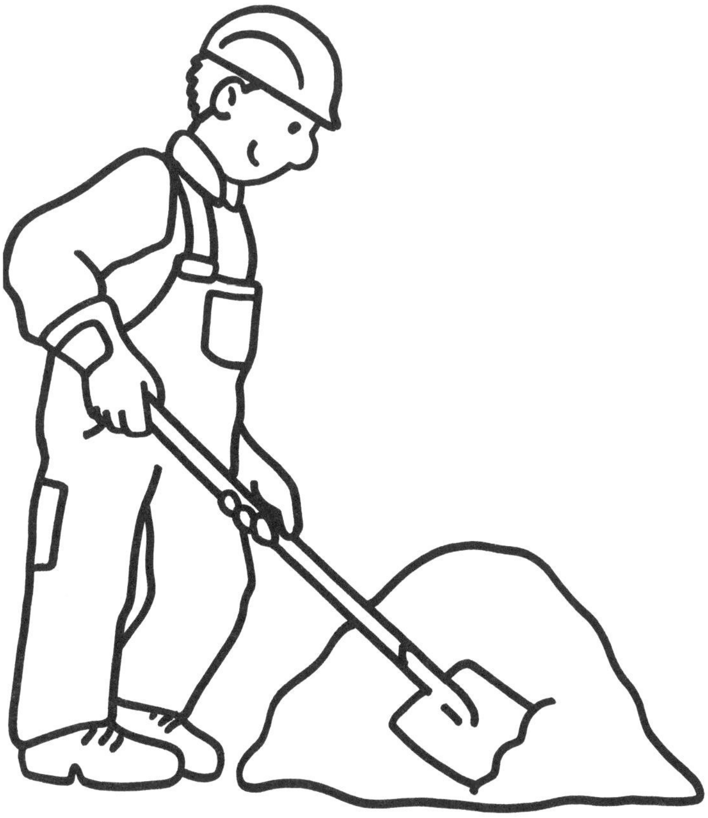

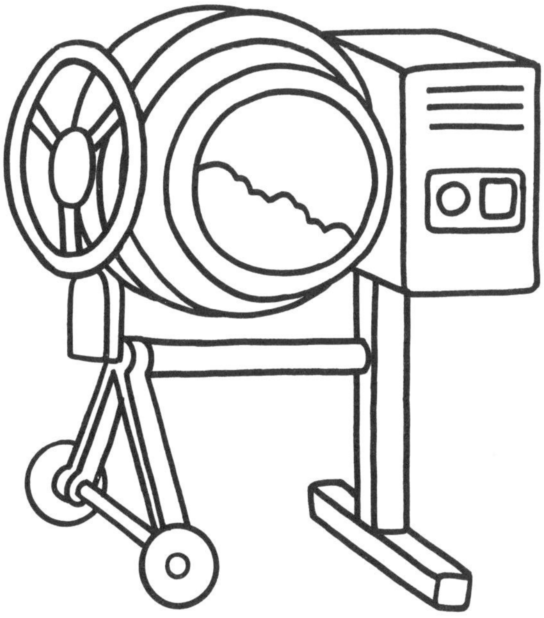

Wie sieht das Raumschiff des Astronauten aus?

Drache Löwenzahn trifft seinen besten Freund. Wie sieht er aus?

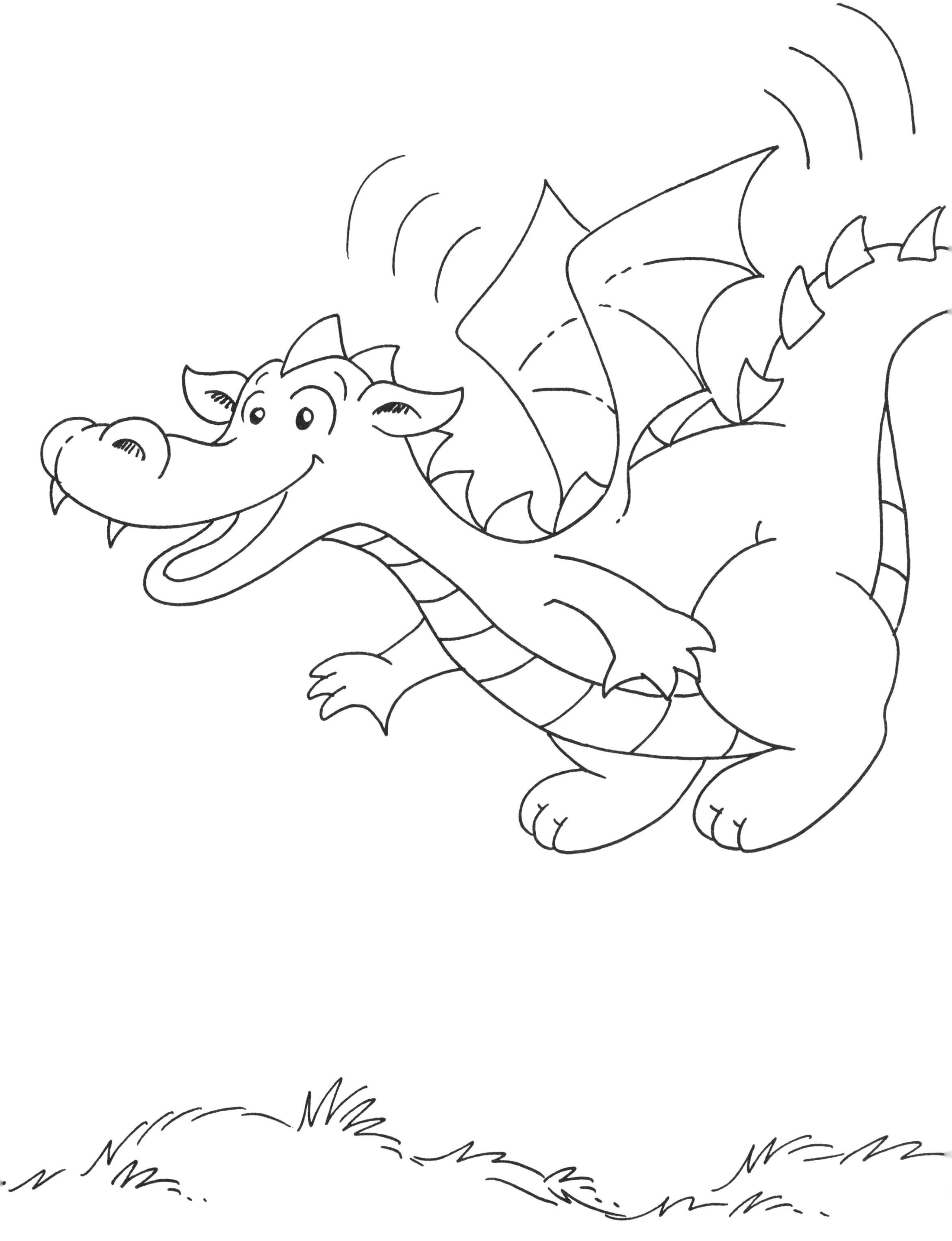

Was sieht Piraten-Joe durch sein Fernrohr?

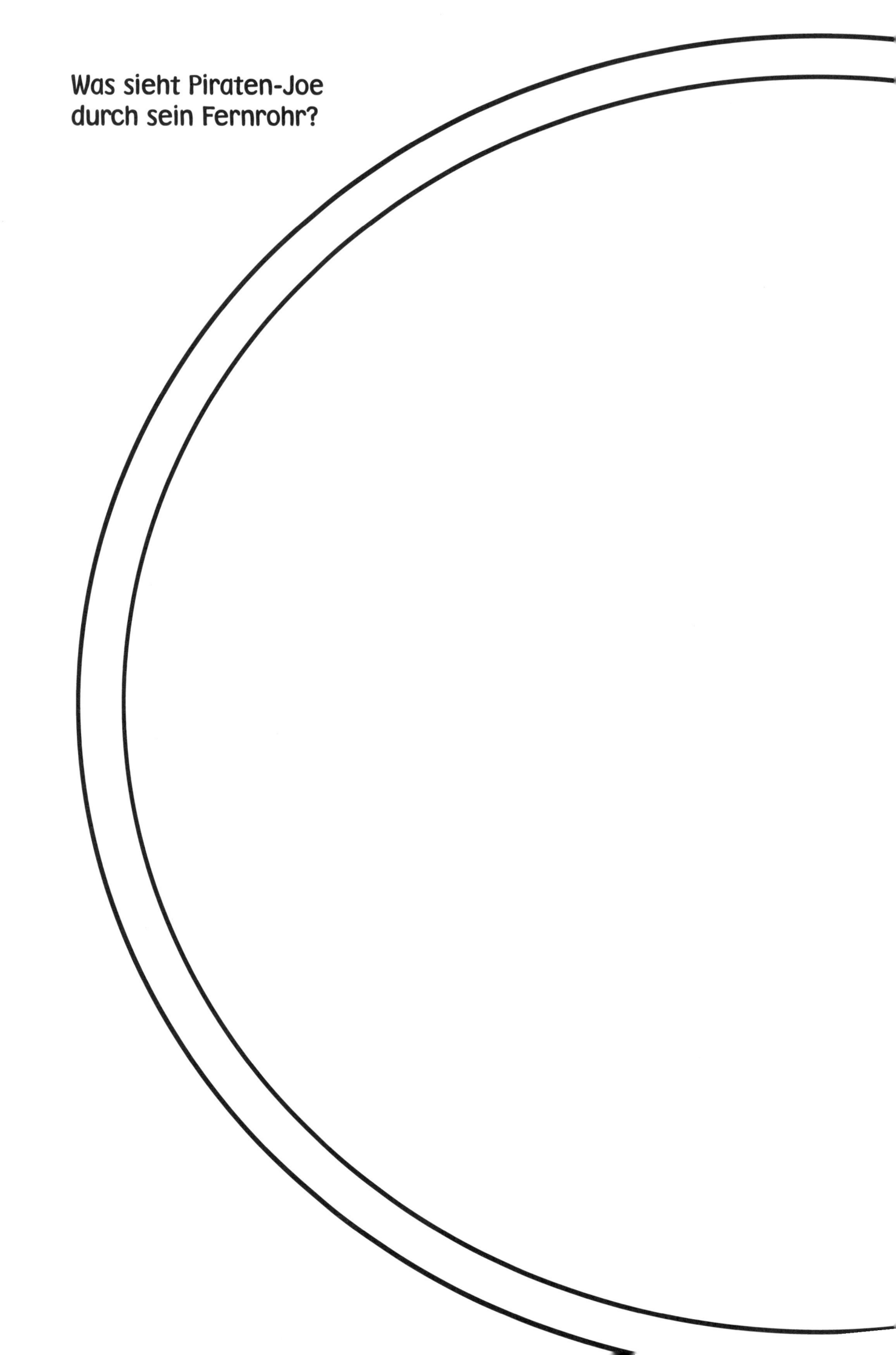

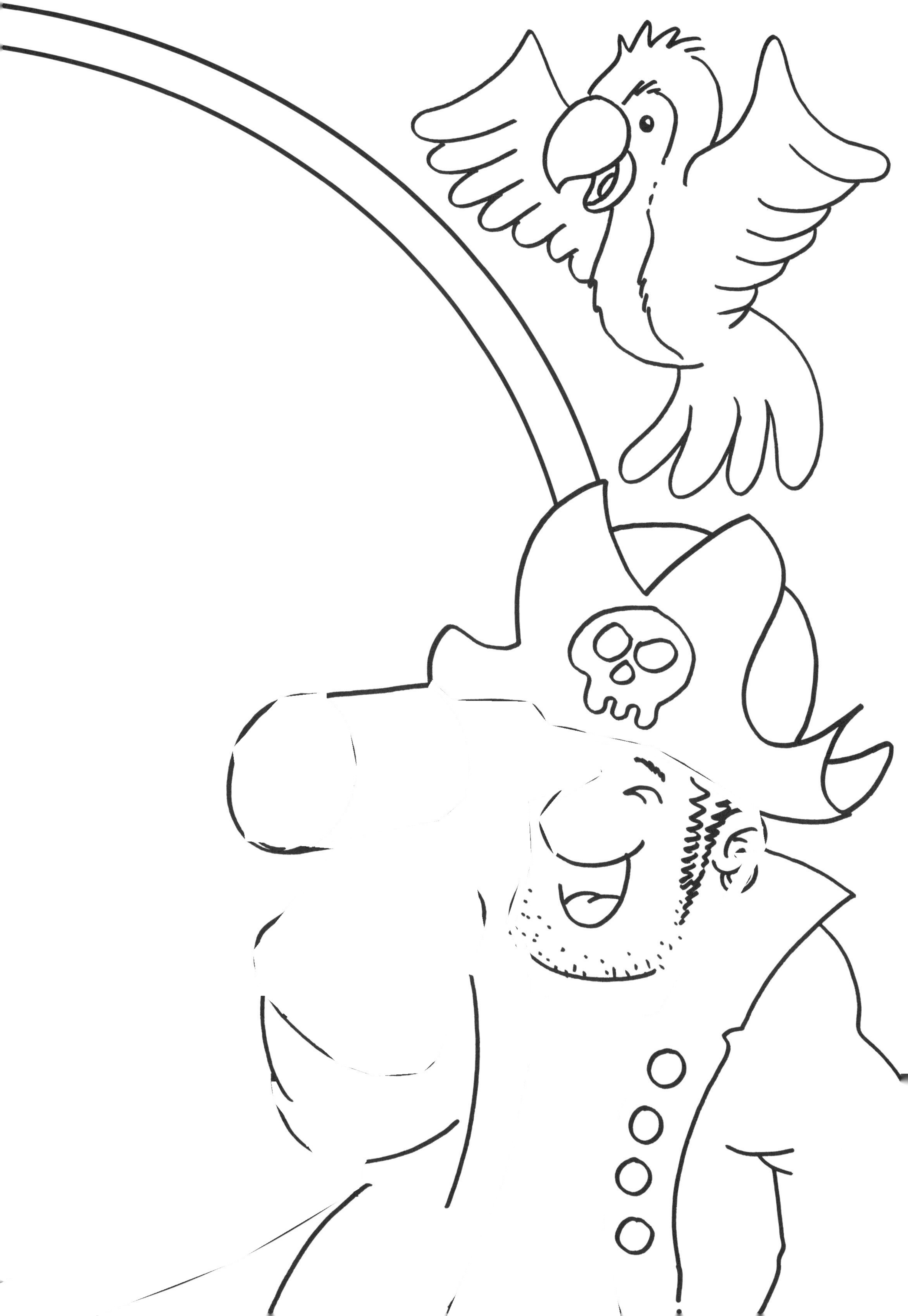

Male Tobi einen Regenschirm ...

… und Leo einen Sonnenschirm.

Wer sitzt auf der anderen Seite der Wippe?

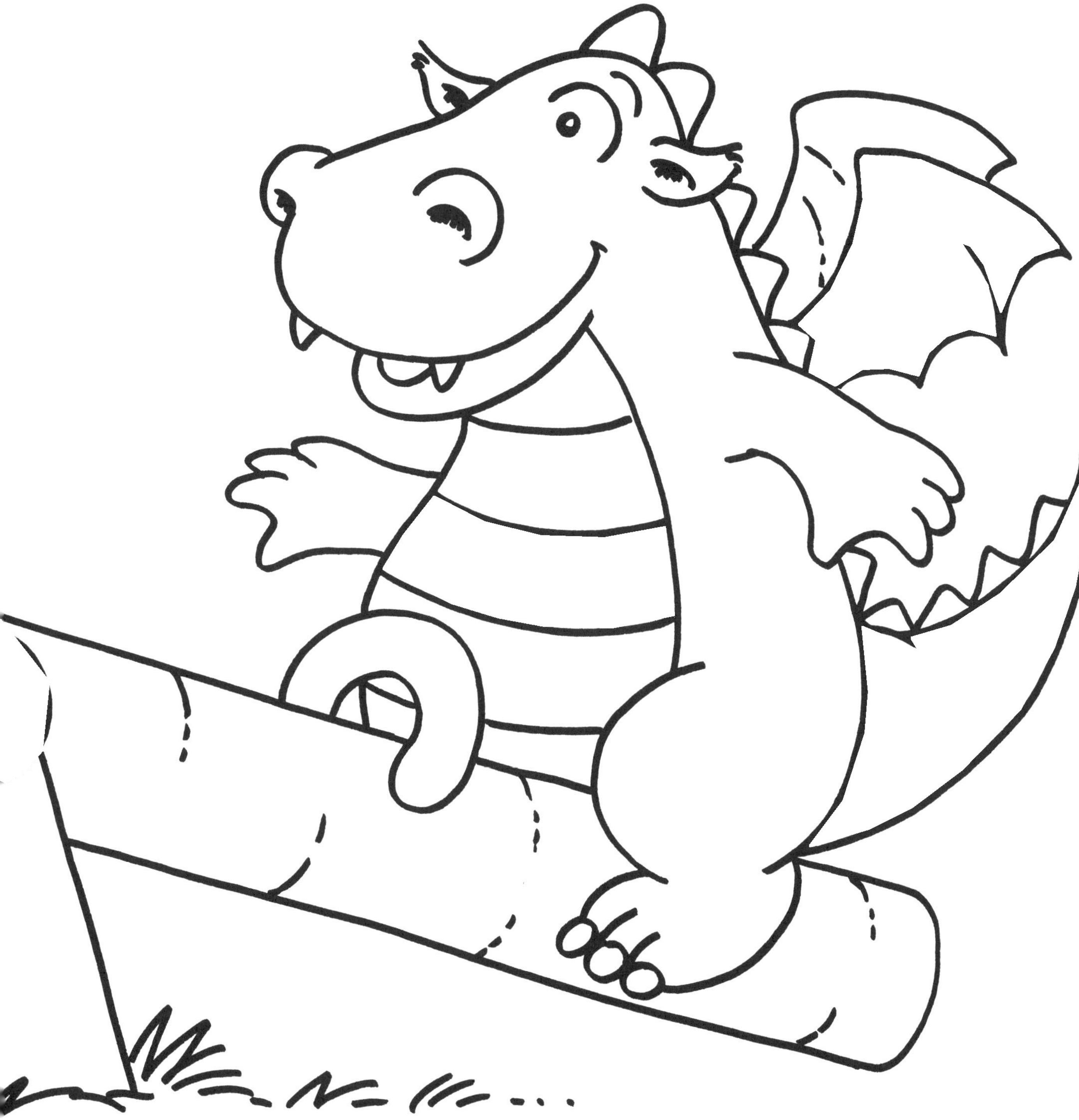

Male die Clowns weiter.

Wie viele Köpfe hat der Drache?

Wovon träumt der Drache?

Welche Tiere leben noch auf dem Bauernhof?

Gegen wen kämpft Ritter Furchtlos?

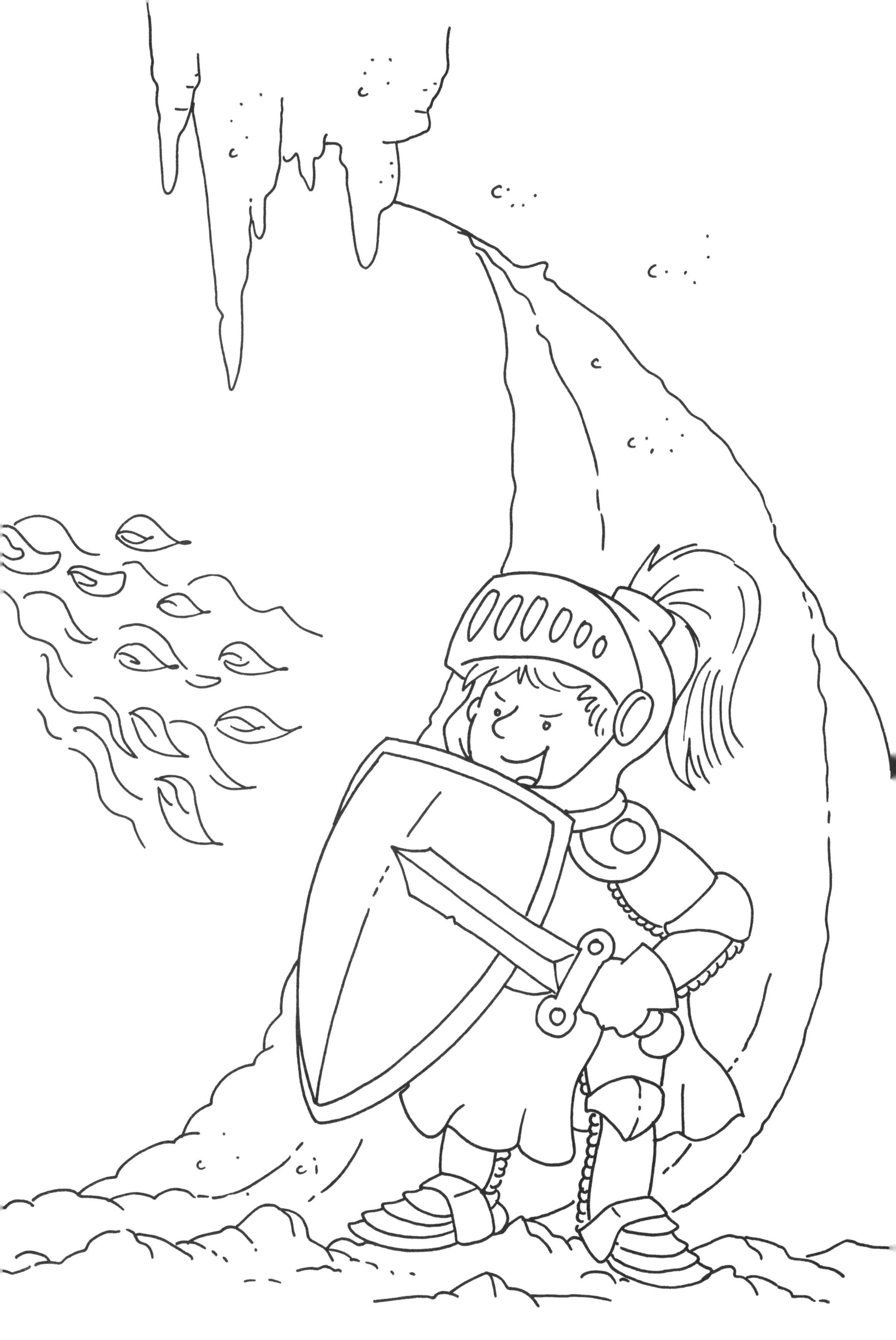

Wer reitet auf dem Drachen?

Male dem Drachen Flügel.

Wie sieht dein Traumauto aus?

Welche Tiere kannst du im Zoo sehen?

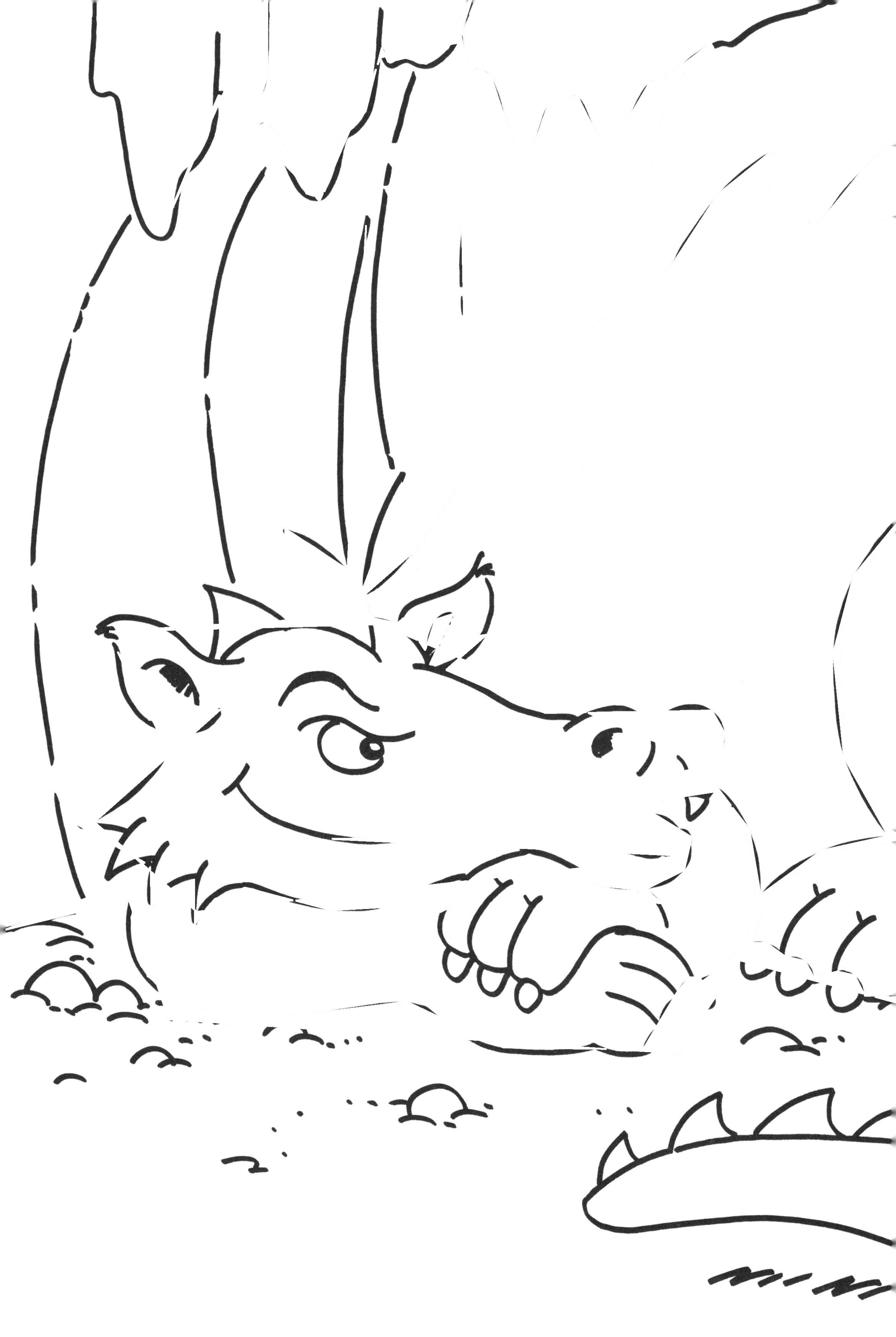

Was bewacht der Drache?

Was hat Carolix gezaubert?

Male die Drachen weiter.

Was hat Drache Dodo seiner Schwester zum Geburtstag geschenkt?

Lea und Tom bauen Schneemänner. Hilfst du ihnen?

Von was träumt Prinzessin Rosina?

Hinter wem rennt der Drache her?

Wovor fürchtet sich der kleine Drache?

Was würdest du gern auf den Gehweg malen?

Male noch mehr Außerirdische.

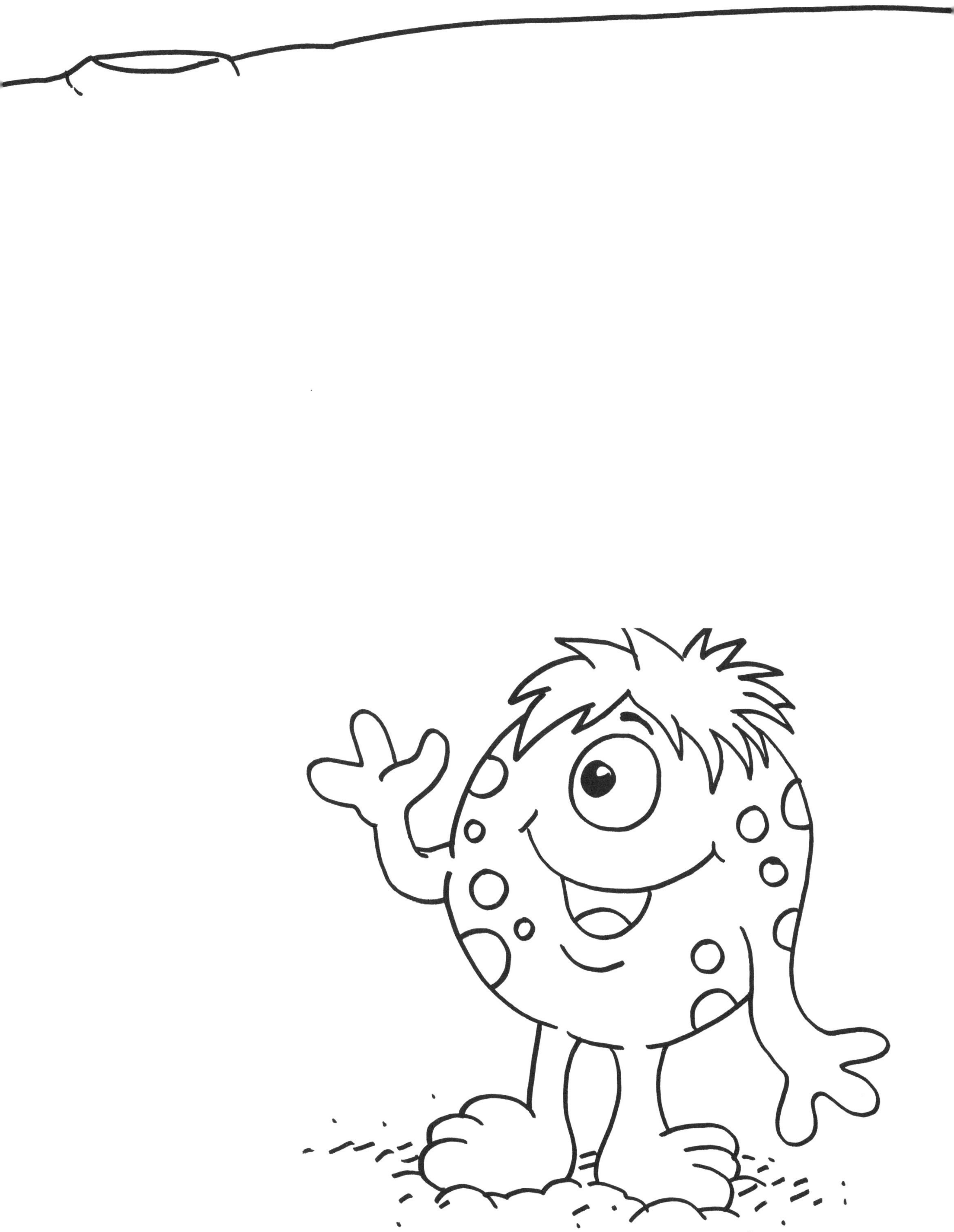

Wie sieht das Drachenbaby aus?

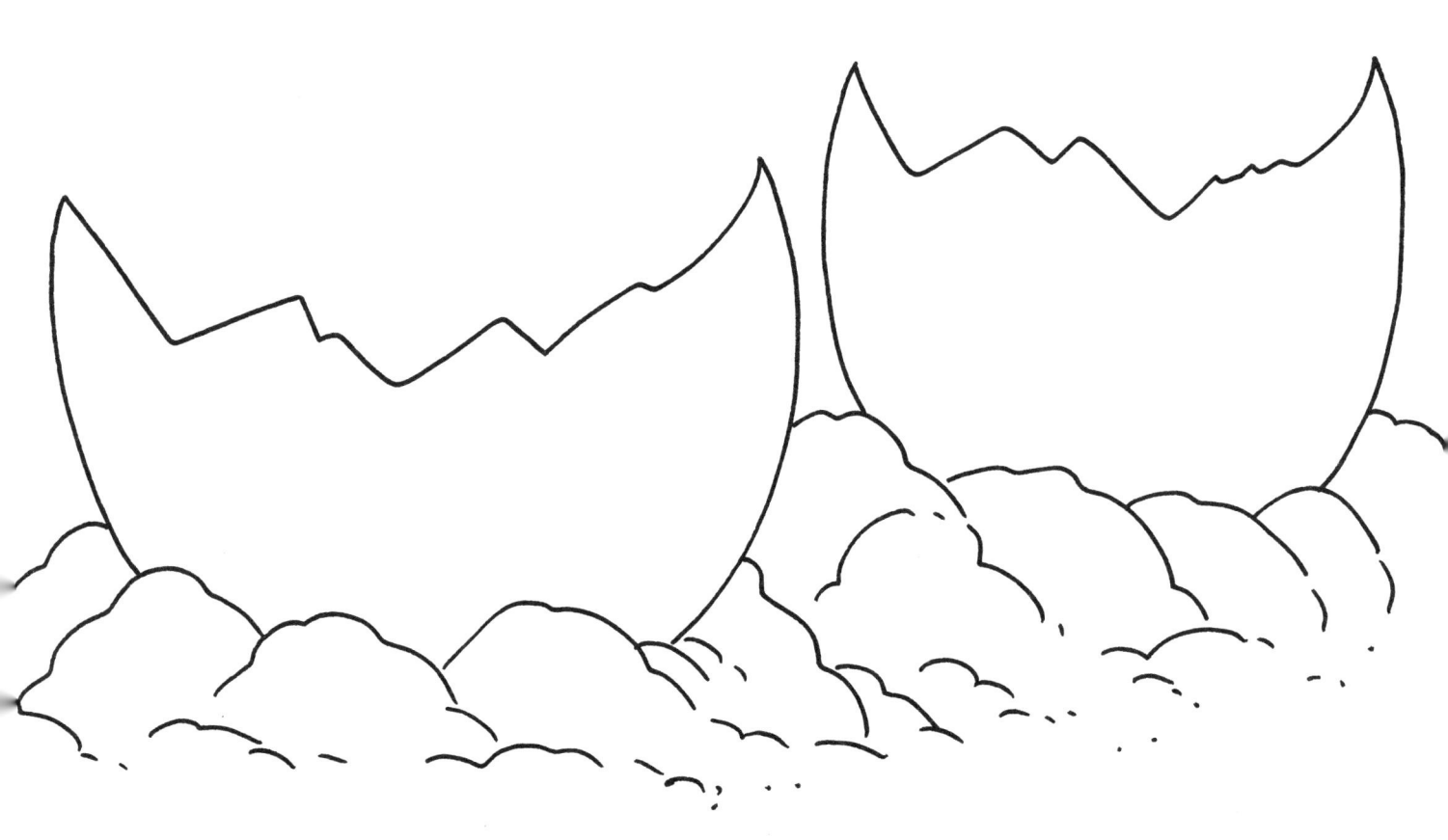

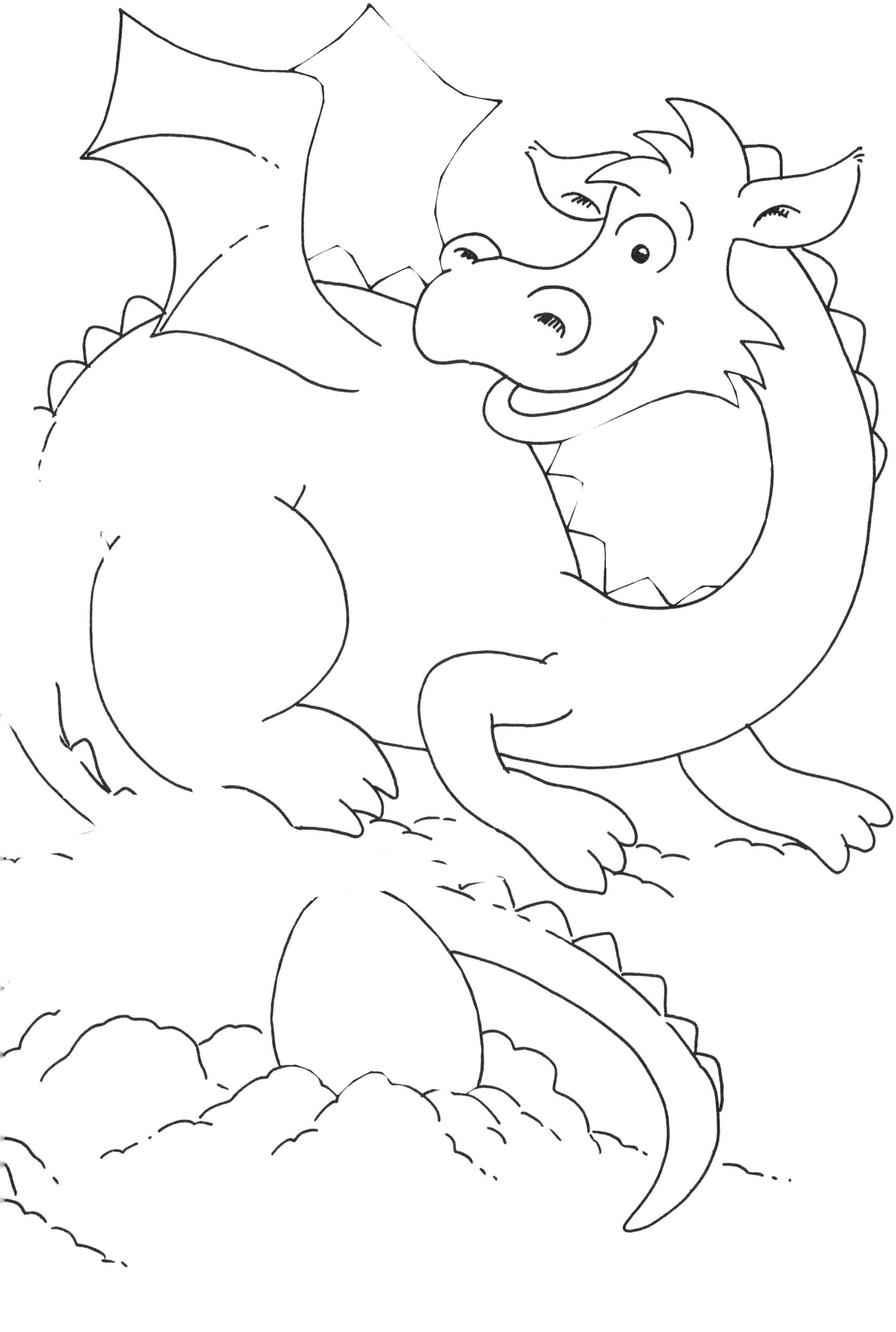

Male die Monster weiter.

Was sieht Leonie im Wasser?

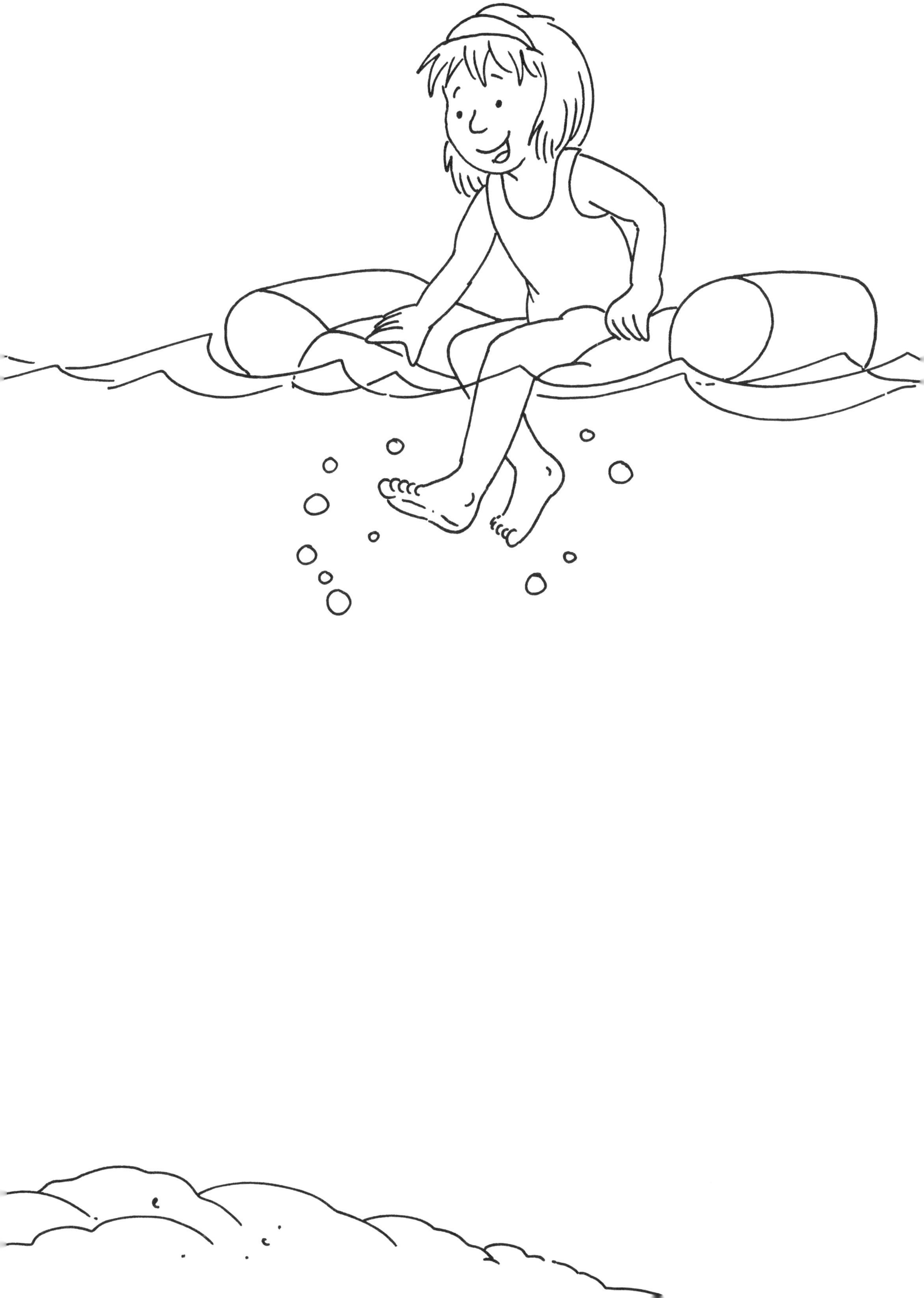

Was sieht der Drache am Boden?

Wovon träumt Käpt'n Einauge?

Wen sieht die Prinzessin?

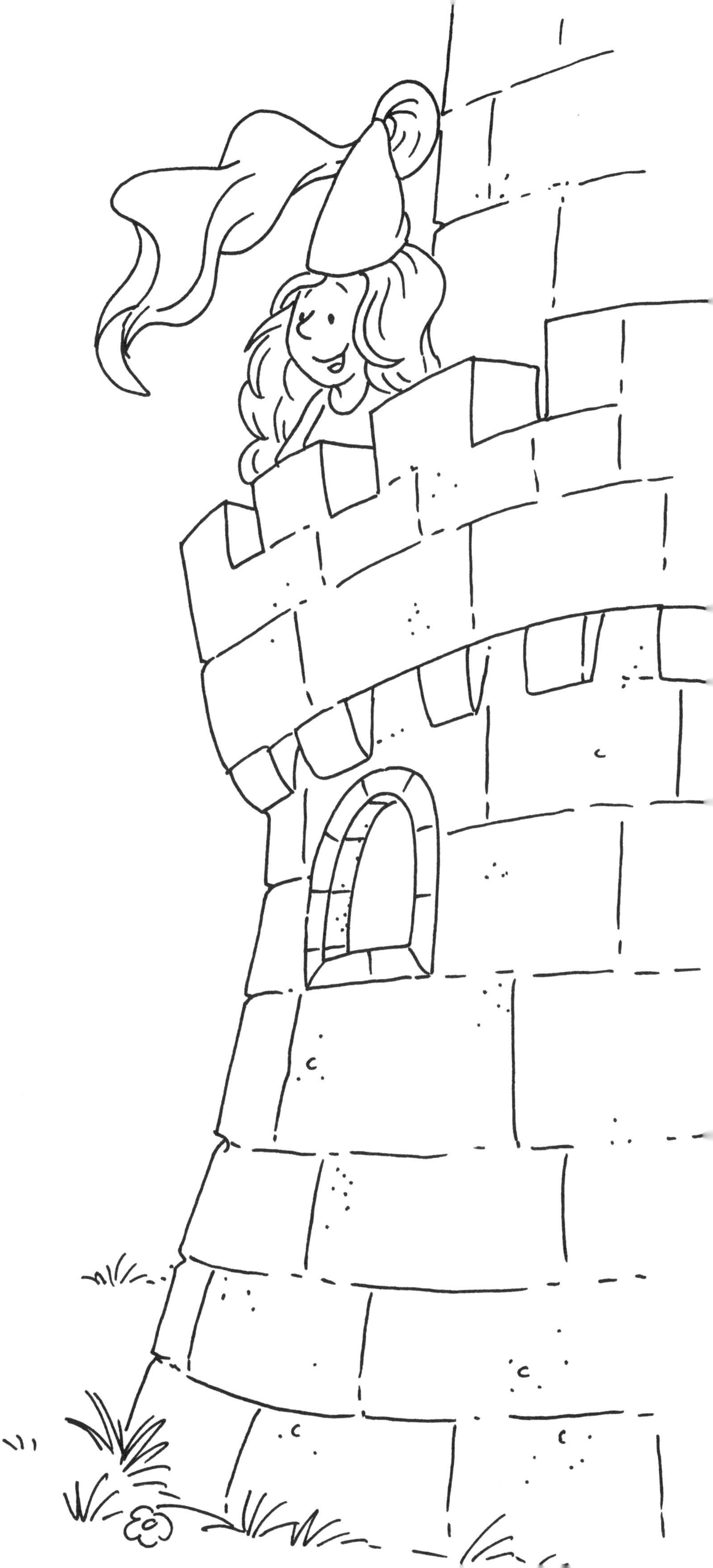

Drachenmädchen Dina liebt Blumen.
Male ihr einen schönen Blumenstrauß.

Was isst der Drache?

Male die Drachen der Mädchen.

Was wünschst du dir zum Geburtstag?

Ravensburger Bücher Unsere Empfehlung

Stickern macht Spaß!

Bauernhof

Auf dem Bauernhof kann man viel entdecken: Da gibt es Kühe, Schafe, Hühner, einen Traktor, ein Milchauto und vieles mehr. Mit über 150 bunten Stickern können unterschiedliche Szenen gestaltet werden.

ISBN 978-3-473-**55707**-3

Baustelle

Hier können Kinder viele verschiedene Baustellen und Baufahrzeuge entdecken – Bagger, Betonmischer, Tieflader und Straßenwalze. Mit über 100 bunten Stickern können unterschiedliche Szenen gestaltet werden.

ISBN 978-3-473-**55708**-0

Lastwagen

In diesem Stickerbuch gibt es viele verschiedene Lastwagen zu entdecken: Müllauto, Feuerwehrauto, Tankwagen und Autotransporter. Mit über 100 bunten Stickern können Kinder unterschiedliche Szenen gestalten.

ISBN 978-3-473-**55709**-7

Tiere

In diesem Stickerbuch können Kinder viele verschiedene Tiere in ihren Lebensräumen entdecken. Mit über 150 bunten Stickern können unterschiedliche Szenen fantasievoll gestaltet werden.

ISBN 978-3-473-**55710**-3

www.ravensburger.de